www.QuoraChinese.com

ESSENTIAL GUIDE TO CHINESE HISTORY

PART 11

TANG DYNASTY

唐朝

SECOND EDITION (LARGE PRINT)

学习简单的中国历史文化

QING QING JIANG

PREFACE

Welcome to the Chinese History series, a series dedicated to helping Mandarin Chinese learners improve Chinese reading skills. In this series, we will discover China's 5,000-year-old history. Each of the book will focus on one important ruling Chinese dynasty. The books contain numerous lessons in Mandarin Chinese. We start with a ruling dynasty specific preface (前言), a brief introduction to the dynasty or related themes, and continue to dig the important aspects of the ruling era, such as politics, economy, etc. in the form or chapters. Each book contains 5 to 10 chapters. For the readers' convenience, a comprehensive list of vocabulary has been provided at the beginning of each chapter. The pinyin for the Chinese text is provided after the main text. Further, to enforce deeper learning, the English interpretation of the Chinese text has been purposely excluded for the books. This would help the readers think deeply about the contents the way native Chinese think. In order to help the Chinese learner remember important characters, words, long words, idioms, etc., these entities have been purposely repeated throughout the book, and across the books in the series. Taken together, the books in Chinese History series will tremendously help readers improve their Chinese reading skills.

If you have any questions, suggestions, and feedbacks, feel free to let me know in the review or comments.

You can find more about China and Chinese culture on my amazon homepage.

I blog at:

www.QuoraChinese.com

-Qing Qing 江清清

©2023 Qing Qing Jiang

All rights reserved.

ESSENTIAL GUIDE TO CHINESE HISTORY

ACKNOWLEDGMENTS

I am a blogger. It has been a long and interesting journey since I started blogging quite a few years ago.

The blogging passion enabled me to write useful contents. In particular, I have been writing about China, and its culture.

My passion in writing was supported by my friends, colleagues, and most importantly, the almighty.

I thank everyone for constantly inspiring me in my life endeavours.

CONTENTS

PREFACE 2
ACKNOWLEDGMENTS 4
CONTENTS 5
INTRODUCTION TO THE HISTORY OF TANG DYNASTY (唐朝历史简介) 7
XUANWU GATE INCIDENT (玄武门之变) 12
REIGN OF ZHEN GUAN (贞观之治) 18
PRINCESS WENCHENG IN TIBET (文成公主进藏) 24
WU ZETIAN BECAME EMPEROR (武则天称帝) 31
THE FLOURISHING KAIYUAN REIGN PERIOD (开元盛世) 38
AN SHI REBELLION (安史之乱) 43

前言

前言：唐朝在中国历史上达到的成就非常高，是当时世界上的强国之一，对当时，对后世，对中国，对世界都产生了非常大的影响。举个例子吧，在外国，中国人相对比较密集的地方被称作唐人街，也有称中国人为唐人的，这些都是唐朝带来的影响。唐朝承袭隋朝，也是一个大一统国家，而且统治了将近三百年，在所有的大一统王朝当中，算是持续时间比较长的了。唐朝开创了很多盛世，其中比较有名的有贞观之治和开元盛世。文成公主进藏和武则天称帝的故事如今我们还在津津乐道着。唐诗三百首我们也还在孜孜不倦地背诵着。唐朝在政治，经济，文化，科技，外交方面都取得了很大的成就，注重多元化发展，所以成就了唐朝的伟大。但是唐朝在经历了安史之乱后，逐渐走向衰败。

Táng cháo zài zhōngguó lìshǐ shàng dádào de chéngjiù fēicháng gāo, shì dāngshí shìjiè shàng de qiángguó zhī yī, duì dāngshí, duì hòushì, duì zhōngguó, duì shìjiè dōu chǎnshēngle fēicháng dà de yǐngxiǎng. Jǔ gè lìzi ba, zài wàiguó, zhōngguó rén xiāngduì bǐjiào mìjí dì dìfāng bèi chēng zuò tángrénjiē, yěyǒu chēng zhōngguó rénwéi tángrén de, zhèxiē dōu shì táng cháo dài lái de yǐngxiǎng. Táng cháo chéngxí suí cháo, yěshì yīgè dà yītǒng guójiā, érqiě tǒngzhìle jiāngjìn sānbǎi nián, zài suǒyǒu de dà yītǒng wángcháo dāngzhōng, suànshì chíxù shíjiān bǐjiào zhǎng dele. Táng cháo kāichuàngle hěnduō shèngshì, qízhōng bǐjiào yǒumíng de yǒu zhēnguàn zhī zhì hé kāiyuán shèngshì. Wénchéng gōngzhǔ jìn cáng hé wǔzétiān chēng dì de gùshì rújīn wǒmen hái zài jīnjīn lè dàozhe. Tángshī sānbǎi shǒu wǒmen yě hái zài zīzībùjuàn de bèisòngzhe. Táng cháo zài zhèngzhì, jīngjì, wénhuà, kējì, wàijiāo fāngmiàn dōu qǔdéle hěn dà de chéngjiù, zhùzhòng duōyuán huà fāzhǎn, suǒyǐ chéngjiùle táng cháo de wěidà. Dànshì táng cháo zài jīnglìle ānshǐzhīluàn hòu, zhújiàn zǒuxiàng shuāibài.

INTRODUCTION TO THE HISTORY OF TANG DYNASTY (唐朝历史简介)

The **Tang Dynasty** (唐朝, 618-907), also known as Tang (唐), Li Tang (李唐), and the Great Tang (大唐), was a unified ruling dynasty in Chinese history. The Dynasty was preceded by the **Sui Dynasty** (隋朝, 581-618), and succeeded by the **Five Dynasties and Ten Kingdoms** (五代十国) period.

Capitals of the Tang Dynasty: **Chang'an** (长安, 618-690, 705-904)-- also known as the West Capital (西京/京师), and **Luoyang** (洛阳, 684-705, 904-907) -- also known as the East Capital (东都/神都).

The Tang Dynasty had a total of 21 emperors, and the rule lasted for 289 years.

At the end of the Sui Dynasty, several independent warlords (群雄) wanted to take the opportunity for political hegemony by exploiting the political vacuum.

Li Yuan (李渊, 566-635) took advantage of the situation, forced the Sui emperor the abdicate the throne, and proclaimed himself emperor in 618. Thereupon, he established the Tang Dynasty, and made Chang'an (长安) it's the capital. In Chinese history, Li Yuan is also known as Tang Gaozu (唐高祖) because the title (帝号) of emperor Li Yuan was Tang Gaozu.

After Li Shimin (598/559, 649; titled Tang Taizong, 唐太宗) succeeded to the throne, he created the rule of **Zhen Guan** (贞观之治, 627-649), which laid the foundation of the prosperous Tang Dynasty. This was an era of economic and cultural prosperity during the reign of Emperor Taizong. After attacking and defeating the invading tribes, such as the Eastern Turks (东突厥), Emperor Taizong was revered as the Great Khan (天可汗).

Li Zhi (628-683, 李治; titled Tang Gaozong, 唐高宗) inherited the legacy of Zhen Guan and created the "**Everlasting Prosperous Age**" (永徽盛世/永徽之治, 649-655). During this period, the territory of the Tang Dynasty was unprecedentedly vast, the borders were peaceful, and the common people lived a prosperous life.

Wu Zetian (武则天, 624-705), the second daughter of Wu Shiyue (武士彟), the governor of Jingzhou (荆州), entered the harem at the age of fourteen. She was a concubine of Emperor Taizong. Later, she went on to become the one and only female monarch in Chinese history. In 690, Wu Zetian changed the name of the state from Tang to Zhou (周), and became the founding monarch of the Zhou Dynasty (reigned from 690 to 705). In fact, she was the oldest emperor (67 years old), and one of the longest-lived emperors (82 years old) in the Chinese history.

During the Shenlong Revolution (神龙政变) of 705, the Crown Prince Li Xian (太子李显), Prime Minister Zhang Jianzhi (宰相张柬之), and other ministers launched a mutiny in Ziwei City, Luoyang (洛阳紫微城). At that time, Wu Zetian had been seriously ill. The revolution forced the Empress Wu Zetian to abdicate. After the Shenlong Revolution, the title Tang Dynasty was restored. In November of the same year, Wu Zetian died.

After Li Longji (685-762, 李隆基, Tang Xuanzong, 唐玄宗, reigned between 712 and 756) ascended the throne, he developed a prosperous **Kaiyuan Era** (开元盛世, 712-741) and brought the Tang Dynasty to its heyday. Kaiyuan was the name of the era of Emperor Xuanzong of the Tang Dynasty, with a total of 29 years.

Later, Emperor Xuanzong changed the era name "Kaiyuan" to "Tianbao" Tianbao (天宝, 742-756). Why? There are so many reasons.

Tang Xuanzong ruled for a total of 46 years and changed the era names 3 times. The first one, called Xiantian (先天, 712-713) that lasted for less than 2 years. The second one, Kaiyuan, took 29 years. The third one, Tianbao (天宝, 742–756), lasted about 15 years.

The reasons why the era name was changed from Kaiyuan to Tianbao during Emperor Xuanzong of Tang Dynasty are as follows:

1. Tang Xuanzong believed that he had completed all the major events in his life during the Kaiyuan period of his reign, and wanted to start enjoying the fruits of his labor.

2. In the 29th year of Kaiyuan, two of Tang Xuanzong's brothers died. In order to avoid bad luck, Tang Xuanzong changed the era name to Tianbao.

3. During the period of Emperor Xuanzong, there was an official who served in the local government and wrote to Emperor Xuanzong that he felt it would be auspicious to change the name as he saw the auspiciousness descending from the heaven (天降祥瑞), the suggestion directly contributed to the direct reason why Tang Xuanzong changed his title to Tianbao.

In the last years of Tianbao (天宝), the population of the whole country reached about 80 million.

After the An Shi Rebellion (安史之乱, 755-763), the rebellions and eunuch conspiracies became a norm, and the national strength gradually declined.

The country remained largely peaceful during the reign of the next monarchs.

Unfortunately, the Huang Chao Uprising (黄巢起义) broke out in 878 and it badly affected the foundations of the Tang Dynasty's rule.

In 907, Zhu Wen (朱温, 852-912), a general, usurped the Tang Dynasty, and the Tang Dynasty collapsed. Zhu Wen proclaimed himself as the emperor (title: Hou Liang Taizu, 后梁太祖) and founded the Later Liang Dynasty (后梁, 907-923). With this, the period of Five Dynasties and Ten Kingdoms (五代十国) had begun in Chinese history.

Tang Dynasty has been one of most prosperous ruling dynasties in China. During the peak of the Tang Dynasty, the empire ruled over a vast amount of territory. It stretched from the Sea of Japan in the east (日本海), to the Annan (安南, an ancient Chinese name of Vietnam) in the south, to the Aral Sea (咸海) in the west, and to the Lake Baikal (贝加尔湖) in the north.

The Tang Dynasty accepted cultural exchanges from various countries, and the economy, society, culture, and art showed the characteristics of diversification and openness. Tang Dynasty poets, like Li Bai (诗仙李白), Du Fu (诗圣杜甫), and Bai Juyi (诗魔白居易), made immense contributions to Chinese poetry. Calligrapher Yan Zhenqing (颜真卿), painter Wu Daozi (吴道子), and musician Li Guinian (李龟年), etc. produced masterclass artistic creations.

The Tang Dynasty was one of the most powerful empires in the world at that time, with far-reaching reputation and contacts with Asian and European countries.

It was during the Tang Dynasty that the Buddhist monk Xuan Zang (玄奘, 602-664, also known as Tnag Monk/Tang San Zang) travelled to India (西天) to bring the Buddhist scriptures. The 19 years long, ardous journey became an inspiration of the novel **Journey to the West** (西游记), one of the **Four Great Classical Novels of Chinese** (四大名著) literature, written by Wu Cheng En (吴承恩, 1500-1580/1582) during the Ming dynasty (1368-1644, 明朝/大明).

After the Tang Dynasty, overseas Chinese were often referred to as "Tang people" (唐人). The Chinatown spread in different countries is known as Tang Ren Jie (唐人街).

XUANWU GATE INCIDENT (玄武门之变)

1	玄武	Xuánwǔ	Tortoise
2	唐朝	Táng cháo	Tang Dynasty (618-907)
3	统治	Tǒngzhì	Rule; dominate; control; govern
4	权力	Quánlì	Power; authority
5	争斗	Zhēngdòu	Fight; struggle; strife
6	李世民	Lǐshìmín	Li Shimin (598/599-649 AD), the second emperor of Tang dynasty; reigned 626-649 as Tang Taizong (唐太宗)
7	先斩后奏	Xiānzhǎn hòuzòu	Act first and report afterwards; behead somebody first, then make the emperor known
8	顺利	Shùnlì	Plain sailing; smooth going; without a hitch; smoothly
9	皇帝	Huángdì	Emperor
10	唐高祖	Táng gāozǔ	First emperor of the Tang dynasty
11	长子	Zhǎngzǐ	Eldest son
12	继任	Jìrèn	Succeed; succession; succeed somebody in a post
13	皇位	Huángwèi	Throne
14	次子	Cì zǐ	Second son
15	文武双全	Wénwǔ shuāngquán	Expert in both literary and military skills; be adept with both the pen and the sword
16	明争暗斗	Míngzhēng'àndòu	Fight both with open and secret means
17	建国	Jiànguó	Found a state; establish a state
18	跟随	Gēnsuí	Follow; go after

19	胜仗	Shèngzhàng	Victorious battle; victory
20	本身	Běnshēn	Itself; in itself; oneself
21	善于	Shànyú	Be good at; be adept at
22	征战	Zhēngzhàn	Go on an expedition
23	久而久之	Jiǔ'ér jiǔzhī	In the course of time; as time passes; with the lapse of time; gradually
24	领导	Lǐngdǎo	Lead; exercise leadership; leadership; leader
25	人物	Rénwù	Figure; personage; person in literature; character
26	自己的	Zìjǐ de	Self
27	府邸	Fǔdǐ	Mansion; mansion house
28	文学院	Wén xuéyuàn	Liberal arts college
29	招揽	Zhāolǎn	Solicit; canvass
30	才子	Cáizǐ	Gifted scholar
31	出谋划策	Chūmóu huàcè	Give advice and suggestions; give advice to somebody; give counsel; mastermind a scheme
32	文官	Wénguān	Civil official
33	武将	Wǔjiàng	General; military officer
34	太子	Tàizǐ	Crown prince
35	坐以待毙	Zuòyǐdàibì	Await one's doom; resign oneself to death; sit passively for one's end; sit still and await destruction
36	不和	Bù hé	Not get along well; be on bad terms; be at odds; bad blood
37	坏话	Huàihuà	Malicious remarks; vicious talk
38	俗话	Súhuà	Common saying; popular saying; proverb; adage

39	三人成虎	Sān rén chéng hǔ	Repeated lie sounds true; three people spreading rumor of a tiger make you believe there is one around
40	成真	Chéng zhēn	Come true; true
41	猜忌	Cāijì	Be suspicious and jealous of; be envious; envy
42	眼看	Yǎnkàn	Soon; in a moment
43	先发制人	Xiānfā zhìrén	Strike first to gain the initiative; beat to the draw; dominate the enemy by striking first; fire the first shot
44	有一次	Yǒu yīcì	Once; on one occasion
45	觐见	Jìnjiàn	Present oneself before; go to court; have an audience with
46	偷偷	Tōutōu	Stealthily; secretly; covertly; on the sly
47	藏起来	Cáng qǐlái	Conceal; hide
48	偷袭	Tōuxí	Sneak attack; sneak raid; surprise attack
49	他杀	Tāshā	Homicide
50	紧接着	Jǐn jiēzhe	Immediately, right after
51	对外	Duìwài	External; foreign
52	宣布	Xuānbù	Declare; proclaim; pronounce; announce
53	作乱	Zuòluàn	Stage an armed rebellion; rise in revolt
54	得以	Déyǐ	So that ... can; so that ... may
55	典型	Diǎnxíng	Typical case; typical example; model; type
56	虽然	Suīrán	Though; although
57	承认	Chéngrèn	Admit; acknowledge; recognize; give diplomatic recognition

58	但是	Dànshì	But; however; yet; still
59	不得不	Bùdé bù	Have no choice but to; be bound to; be obliged to do something; cannot but
60	接受	Jiēshòu	Accept; acceptance; reception; take
61	终于	Zhōngyú	At last; in the end; finally; eventually
62	上位	Shàngwèi	Superior; epistasis

Chinese (中文)

玄武门之变指的是唐朝内部关于统治权力的一场争斗，这场争斗的结果便是李世民先斩后奏，顺利当上了皇帝。

唐高祖李渊建立唐朝后，封他的长子李建成为太子，将来是继任皇位的第一人选。但是李渊的次子李世民文武双全，也具有非凡的才能，于是这两兄弟明争暗斗，逐渐形成了两股势力。

早在建国之前，李世民跟随李渊打了很多胜仗，李世民本身就是一个很善于征战的人，久而久之，便成了唐军的主要领导人物。

李世民还在自己的府邸设立文学院，招揽了许多文人才子，这些人为李世民出谋划策。这下李世民同时拥有了文官和武将，势力直逼太子李建成。

李建成知道自己不能坐以待毙，于是联合其他跟李世民不和的人，在唐高祖李渊面前说李世民的坏话。俗话说得好，三人成虎，只要说的人多了，假的都会被人说成真的。久而久之，李渊也对李世民产生了猜忌和怀疑。

李世民眼看局势对自己不利，便决定先发制人。有一次，李世民入朝觐见，经过玄武门的时候，偷偷藏起来，等到李建成经过的时候，直接出来偷袭把他杀了，不给对方留任何挣扎的机会。

紧接着，李世民对外宣布，李建成作乱，得以诛之，典型的先斩后奏。

虽然李渊不想承认，但是又不得不接受。几天后，便立李世民为太子。李世民终于得偿所愿，同年，李世民上位，为唐太宗。

Pinyin (拼音)

Xuánwǔ mén zhī biàn zhǐ de shì táng cháo nèibù guānyú tǒngzhì quánlì de yī chǎng zhēngdòu, zhè chǎng zhēngdòu de jiéguǒ biàn shì lǐshìmín xiānzhǎnhòuzòu, shùnlì dāng shàngle huángdì.

Táng gāozǔ lǐyuān jiànlì táng cháo hòu, fēng tā de cháng zi lǐjiànchéng wéi tàizǐ, jiānglái shì jìrèn huángwèi de dì yī rén xuǎn. Dànshì lǐyuān de cì zǐ lǐshìmín wénwǔ shuāngquán, yě jùyǒu fēifán de cáinéng, yúshì zhè liǎng xiōngdì míngzhēng'àndòu, zhújiàn xíngchéngle liǎng gǔ shìlì.

Zǎo zài jiànguó zhīqián, lǐshìmín gēnsuí lǐyuān dǎle hěnduō shèngzhàng, lǐshìmín běnshēn jiùshì yīgè hěn shànyú zhēngzhàn de rén, jiǔ'érjiǔzhī, biàn chéngle tángjūn de zhǔyào lǐngdǎo rénwù.

Lǐshìmín hái zài zìjǐ de fǔdǐ shèlì wén xuéyuàn, zhāolǎnle xǔduō wén réncái zǐ, zhèxiē rénwéi lǐshìmín chūmóuhuàcè. Zhè xià lǐshìmín tóngshí yǒngyǒule wénguān hé wǔjiàng, shìlì zhí bī tàizǐ lǐjiànchéng.

Lǐjiànchéng zhīdào zìjǐ bùnéng zuòyǐdàibì, yúshì liánhé qítā gēn lǐshìmín bù hé de rén, zài táng gāozǔ lǐyuān miànqián shuō lǐshìmín de huàihuà. Súhuà shuō dé hǎo, sān rén chéng hǔ, zhǐyào shuō de rén duōle, jiǎ de dūhuì bèi rén shuō chéng zhēn de. Jiǔ'érjiǔzhī, lǐyuān yě duì lǐshìmín chǎnshēngle cāijì hé huáiyí.

Lǐshìmín yǎnkàn júshì duì zìjǐ bùlì, biàn juédìng xiānfāzhìrén. Yǒu yīcì, lǐshìmín rù cháojìn jiàn, jīngguò xuánwǔ mén de shíhòu, tōutōu cáng qǐlái, děngdào lǐjiànchéng jīngguò de shíhòu, zhíjiē chūlái tōuxí bǎ tāshāle, bù gěi duìfāng liú rènhé zhēngzhá de jīhuì.

Jǐn jiēzhe, lǐshìmíng duìwài xuānbù, lǐjiànchéng zuòluàn, déyǐ zhū zhī, diǎnxíng de xiānzhǎnhòuzòu.

Suīrán lǐyuān bùxiǎng chéngrèn, dànshì yòu bùdé bù jiēshòu. Jǐ tiān hòu, biàn lì lǐshìmín wèi tàizǐ. Lǐshìmín zhōngyú dé cháng suǒ yuàn, tóngnián, lǐshìmín shàngwèi, wèi táng tàizōng.

REIGN OF ZHEN GUAN (贞观之治)

1	贞观之治	Zhēnguàn zhī zhì	Zhen Guan Period; golden years
2	上位	Shàngwèi	Superior
3	国号	Guó hào	Title of a reigning dynasty
4	这段时间	Zhè duàn shíjiān	This period of time
5	太平	Tàipíng	Peace and tranquility
6	富裕	Fùyù	Prosperous; well-to-do; well-off
7	开创	Kāichuàng	Start; initiate; found; set up
8	盛世	Shèngshì	Flourishing age; heyday
9	历史上	Lìshǐ shàng	Historically; in history
10	世人	Shìrén	Common people
11	评价	Píngjià	Appraise; evaluate; assess; estimate
12	还是	Háishì	Still; nevertheless; all the same
13	确实	Quèshí	True; reliable; demonstration; really
14	做出	Zuò chū	Make (a decision, etc.)
15	很多	Hěnduō	A lot of; a great many of; a good many of
16	成绩	Chéngjī	Result; achievement; success; performance
17	目睹	Mùdǔ	See with one's own eyes; witness
18	暴政	Bàozhèng	Tyranny; despotic rule; tyrannical rule; tyranny of the government
19	失去	Shīqù	Lose
20	民心	Mínxīn	Popular feelings; popular

			sentiments; popular support; common aspiration of the people
21	当做	Dàngzuò	Treat as; regard as; look upon as
22	反面教材	Fǎnmiàn jiàocái	Teaching material by negative example; material for teaching by negative example
23	时时刻刻	Shí shíkè kè	At every moment; all the time; always; continuously
24	提醒	Tíxǐng	Remind; warn; call attention to; prompting
25	一样	Yīyàng	The same; equally; alike; as... as
26	十分	Shífēn	Very; fully; extremely
27	认可	Rènkě	Approve; accept; confirm; ratification
28	观点	Guāndiǎn	Point of view; viewpoint; standpoint; blush
29	人民	Rénmín	The people
30	水能	Shuǐ néng	Hydro energy
31	重视	Zhòngshì	Attach importance to; pay attention to; think highly of; take something seriously
32	老百姓	Lǎobǎixìng	Folk; common people; ordinary people; civilians
33	爱民如子	Àimín rú zǐ	Love the subjects as if they were his own children
34	注重	Zhùzhòng	Lay stress on; lay emphasis on; pay attention to; emphasize
35	官吏	Guānlì	Government officials
36	选拔	Xuǎnbá	Select; choose
37	廉洁	Liánjié	Honest; with clean hands
38	贤能	Xiánnéng	Able and virtuous personage

39	小人	Xiǎo rén	A base person; villain; vile character
40	祸害	Huòhài	Disaster; curse; scourge
41	百姓	Bǎixìng	Common people; people
42	大臣	Dàchén	Minister; secretary
43	之下	Zhī xià	Under
44	厉行	Lìxíng	Strictly enforce; rigorously enforce; make great efforts to carry out; strictly carry out
45	节俭	Jiéjiǎn	Thrifty; frugal; economical
46	越来越好	Yuè lái yuè hǎo	Become better and better; become better with each passing day
47	越来越	Yuè lái yuè	More and more
48	除此之外	Chú cǐ zhī wài	Besides; in addition
49	科举	Kē jǔ	Imperial examination
50	社会风气	Shèhuì fēngqì	General mood of society
51	不仅仅	Bùjǐn jǐn	More than; Not only; not just
52	物质上	Wùzhí shàng	Physically; materially; Material
53	精神上	Jīngshén shàng	Mentally
54	飞跃	Fēiyuè	Leap
55	边防	Biānfáng	Frontier defense; border defense
56	国防力量	Guófáng lìliàng	National defense capabilities
57	平定	Píngdìng	Calm down; pacify
58	外患	Wàihuàn	Foreign aggression
59	软硬兼施	Ruǎnyìng jiānshī	Act tough and talk soft; adopt every possible means, tough and soft; combine hard tactics with soft
60	以德服人	Yǐ dé fú rén	Win people by virtue; overcome people with virtue; compel

			submission by kindness
61	边疆	Biānjiāng	Border area; borderland; frontier; frontier region
62	风俗	Fēngsú	Custom
63	治理	Zhìlǐ	Administer; govern; run; manage
64	井井有条	Jǐngjǐng yǒutiáo	Be arranged in good order; be in apple-pie order; be shipshape and orderly; in an orderly manner
65	第一个	Dì yī gè	First; the first; the first one
66	进一步	Jìnyībù	Go a step further; further; make further efforts
67	促成	Cùchéng	Help to bring about; facilitate; help to materialize; favor
68	后来	Hòulái	Afterwards; later; then
69	开元	Kāiyuán	Kaiyuan, the title of the 2nd reign (713-741) of Li Longji, 6th emperor of the Tang Dynasty (posthumously called Tang Xuanzong)

Chinese (中文)

唐太宗李世民上位后，改国号为贞观，在他统治的这段时间里，国家太平，人民富裕，开创了一代盛世。历史上把这段时期称为"贞观之治"。

世人对李世民的评价还是很高的，称他是一代明君，他确实也做出了很多值得称赞的成绩。

在目睹了隋炀帝的暴政，一步一步失去民心后，李世民一直把隋炀帝当做反面教材，时时刻刻提醒自己不能跟隋炀帝一样。

他十分认可荀子的观点，人民是水，国家是舟，水能载舟亦能覆舟。所以李世民重视老百姓，并且爱民如子，深得民心。

李世民十分注重官吏的选拔，他的标准就是廉洁，贤能。官吏是为老百姓服务的，必须严格把控好，不能让小人祸害百姓。

因此李世民身边也都是一些贤能的大臣，在共同的管理之下，李世民重视农业，厉行节俭，老百姓的生活越来越好，国家也越来越富裕。

除此之外，李世民还十分注重教育，改革并且完善了科举制度，使得社会风气不断向好，也为国家培养了许多人才。人们的生活不仅仅是物质上得到了满足，在精神上也有了进一步的飞跃。

而且李世民还注重边防，加强国防力量，平定外患。而且软硬兼施，除了用武力解决之外，还以德服人，尊重边疆的风俗，争取与他们和平相处。

没有外忧，没有内患，国家被治理的井井有条。这是唐朝出现的第一个盛世，有了贞观之治，也进一步促成了后来的开元盛世。

Pinyin (拼音)

Táng tàizōng lǐshìmín shàngwèi hòu, gǎi guó hào wèi zhēnguàn, zài tā tǒngzhì de zhè duàn shíjiān lǐ, guójiā tàipíng, rénmín fùyù, kāichuàngle yīdài shèngshì. Lìshǐ shàng bǎ zhè duàn shíqī chēng wèi "zhēnguàn zhī zhì".

Shìrén duì lǐshìmín de píngjià huán shì hěn gāo de, chēng tā shì yīdàimíngjūn, tā quèshí yě zuò chūle hěnduō zhídé chēngzàn de chéngjī.

Zài mùdǔle suí yáng dì de bàozhèng, yībù yībù shīqù mínxīn hòu, lǐshìmín yīzhí bǎ suí yáng dì dàngzuò fǎnmiàn jiàocái, shí shíkè kè tíxǐng zìjǐ bùnéng gēn suí yáng dì yīyàng.

Tā shí fèn rènkě xúnzi de guāndiǎn, rénmín shì shuǐ, guójiā shì zhōu, shuǐ néng zài zhōu yì néng fù zhōu. Suǒyǐ lǐshìmín zhòngshì lǎobǎixìng, bìngqiě ài mín rú zǐ, shēn dé mínxīn.

Lǐshìmín shífēn zhùzhòng guānlì de xuǎnbá, tā de biāozhǔn jiùshì liánjié, xiánnéng. Guānlì shì wèi lǎobǎixìng fúwù de, bìxū yángé bǎ kòng hǎo, bùnéng ràng xiǎo rén huòhài bǎixìng.

Yīncǐ lǐshìmín shēnbiān yě dū shì yīxiē xiánnéng de dàchén, zài gòngtóng de guǎnlǐ zhī xià, lǐshìmín zhòngshì nóngyè, lìxíng jiéjiǎn, lǎobǎixìng de shēnghuó yuè lái yuè hǎo, guójiā yě yuè lái yuè fùyù.

Chú cǐ zhī wài, lǐshìmín hái shífēn zhùzhòng jiàoyù, gǎigé bìngqiě wánshànle kējǔ zhìdù, shǐdé shèhuì fēngqì bùduàn xiàng hǎo, yě wèi guójiā péiyǎngle xǔduō réncái. Rénmen de shēnghuó bùjǐn jǐn shì wùzhí shàng dédàole mǎnzú, zài jīngshén shàng yěyǒule jìnyībù de fēiyuè.

Érqiě lǐshìmín hái zhùzhòng biānfáng, jiāqiáng guófáng lìliàng, píngdìng wàihuàn. Érqiě ruǎnyìngjiānshī, chúle yòng wǔlì jiějué zhī wài, hái yǐ dé fú rén, zūnzhòng biānjiāng de fēngsú, zhēngqǔ yǔ tāmen hépíng xiāngchǔ.

Méiyǒu wài yōu, méiyǒu nèi huàn, guójiā bèi zhìlǐ de jǐngjǐngyǒutiáo. Zhè shì táng cháo chūxiàn de dì yī gè shèngshì, yǒule zhēnguàn zhī zhì, yě jìnyībù cùchéngle hòulái de kāiyuán shèngshì.

PRINCESS WENCHENG IN TIBET (文成公主进藏)

1	男主人公	Nán zhǔréngōng	Hero
2	叫做	Jiàozuò	Be called; be known as
3	当时	Dāngshí	Then; at that time; just at that moment; right away; at once; immediately
4	青藏高原	Qīngzàng gāoyuán	Qinghai-Tibet Plateau (located in southwest China)
5	实力	Shílì	Actual strength; strength
6	不以为意	Bù yǐwéi yì	Not take it seriously; be indifferent to; dismiss all anxiety from one's thoughts; make nothing of
7	扬言	Yángyán	Threaten
8	攻打	Gōngdǎ	Attack; assault; assail
9	在位	Zài wèi	Be on the throne; reign
10	听说	Tīng shuō	Be told; hear of
11	还要	Hái yào	Even/still more; still want to
12	女儿	Nǚ'ér	Daughter; girl
13	反击	Fǎnjí	Strike back; beat back; counterattack
14	打败	Dǎbài	Defeat; beat; worst
15	过后	Guòhòu	Afterwards; later
16	大吃一惊	Dàchīyī jīng	Be startled at; be astounded at; be given quite a turn; be greatly surprised
17	明明	Míngmíng	Obviously; undoubtedly; plainly
18	战胜	Zhànshèng	Defeat; triumph over; vanquish; overcome

19	战败	Zhànbài	Suffer a defeat; be defeated; be vanquished; lose
20	尊贵	Zūnguì	Honorable; respectable; respected
21	公主	Gōngzhǔ	Princess; infant
22	其实	Qíshí	Actually; in fact; as a matter of fact; really
23	见识	Jiànshì	Widen one's knowledge; enrich one's experience
24	如果	Rúguǒ	If; in case; in the event of
25	双赢	Shuāngyíng	Win-win; mutually beneficial; win-win situation
26	选择	Xuǎnzé	Select; choose; opt; election
27	迎娶	Yíngqǔ	Marry
28	那么	Nàme	Like that; in that way
29	简单	Jiǎndān	Simple; uncomplicated; plain; simplicity
30	可是	Kěshì	But; yet; however
31	男人	Nánrén	Husband; man
32	对象	Duìxiàng	Target; object; boyfriend; girl friend
33	想要	Xiǎng yào	Want; intend; wish
34	考验	Kǎoyàn	Test; trial; ordeal
35	前来	Qián lái	Come
36	求亲	Qiúqīn	Seek a marriage alliance
37	难题	Nántí	Difficult problem; a hard nut to crack
38	一百	Yībǎi	Hundred
39	马匹	Mǎpǐ	Horse
40	当中	Dāngzhōng	In the middle; in the center
41	确认	Quèrèn	Affirm; confirm; acknowledge;

			identification
42	母子关系	Mǔzǐ guānxì	Mother-child relationship
43	面对	Miàn duì	Face; confront
44	很多	Hěnduō	A lot of; a great many of; a good many of
45	国家	Guójiā	Country; state; nation
46	知难而退	Zhī nán ér tuì	Beat a retreat in the face of difficulties; retreat before the impossible; shrink back from difficulties
47	但是	Dànshì	But; however; yet; still
48	放弃	Fàngqì	Give up; abandon; renounce; back-out
49	多久	Duōjiǔ	How long?
50	出来	Chūlái	Come out; emerge
51	母马	Mǔ mǎ	Mare
52	马驹	Mǎ jū	Foal; colt; horse colt
53	分开	Fēnkāi	Separate; part; split
54	然后	Ránhòu	Then; after that; afterwards
55	自然而然	Zìrán' érrán	Come very naturally; as a matter of course; automatically
56	去找	Qù zhǎo	Go for; look for; to call for
57	他们的	Tāmen de	Their; theirs
58	那就是	Nà jiùshì	That is; That is to say; Someone
59	选出	Xuǎn chū	Elect; filtering; elimination
60	有信心	Yǒu xìnxīn	Sure of oneself
61	人大	Réndà	The National People's Congress
62	买通	Mǎitōng	Bribe; buy over; buy off
63	侍女	Shìnǚ	Maidservant; maid
64	认出	Rèn chū	Recognize; identify; make out
65	难事	Nánshì	Difficulty; a hard nut to crack

66	太宗	Tàizōng	The second emperor of a dynasty
67	答应	Dāyìng	Answer; reply; respond
68	嫁给	Jià gěi	Marry off to (of women)
69	特意	Tèyì	For a special purpose; specially
70	修建	Xiūjiàn	Build; construct; animate; erect
71	也就是	Yě jiùshì	Namely; i.e.; that is
72	布达拉宫	Bù dá lā gōng	The Potala Palace
73	典籍	Diǎnjí	Ancient codes and records; ancient books and records
74	药材	Yàocái	Medicinal materials; crude drugs
75	食材	Shícái	Food ingredients; Food; Foods; Food Ingredients
76	使得	Shǐdé	Can be used; usable
77	西藏	Xī zàng	Xizang; Tibet
78	取得	Qǔdé	Acquire; gain; obtain
79	很大	Hěn dà	Great; large
80	进步	Jìnbù	Advance; progress; improve; step forward
81	枢纽	Shūniǔ	Pivot; hub; axis; key position

Chinese (中文)

故事的男主人公叫做松赞干布，当时他统一了青藏高原，实力大增，对同时期存在的唐朝都不以为意，扬言要攻打唐朝，还说要娶文成公主。

当时在位的是李世民，听说松赞干布不仅要攻打他们，还要娶他的女儿，顿时气不打一处来，起兵反击，并且打败了松赞干布。

三年过后，李世民宣布文成公主进藏的事情，国人大吃一惊。明明唐朝是战胜的国家，为什么还要向战败的国家送去尊贵的公主。

其实在这三年里，李世民也见识到了松赞干布的实力，如果松赞干布能为他们所用，那便是一个双赢的选择。

但是想迎娶文成公主，可没有那么简单。当时的文成公主，可是男人争破头想娶的对象。松赞干布想要迎娶文成公主，还得考验一番。

唐太宗李世民给前来求亲的对象出了一道难题，在一百只马匹当中，确认他们之间的母子关系。

面对这个大难题，很多国家知难而退，但是松赞干布并没有放弃，没过多久，他便解出来了。

他先是把母马和马驹分开，然后再把小马驹饿个一天一夜，饿了的小马驹自然而然会去找他们的妈妈了。

接下来还有第二道难题，那就是在三百多位美女中选出文成公主。松赞干布也是十分有信心的选出来了，这让其他人大吃一惊。原来他早就买通了公主身边的侍女，所以认出公主也不是件难事了。

最后同太宗李世民答应把文成公主嫁给松赞干布，松赞干布高兴极了，还为文成公主特意修建了宫殿，也就是现在的布达拉宫。

文成公主进藏，还带去了许多的文化典籍，药材，食材和技术，使得西藏取得了很大的进步，是两族友好往来的枢纽。

Pinyin (拼音)

Gùshì de nán zhǔréngōng jiàozuò sōng zàn gàn bù, dāngshí tā tǒngyīliǎo qīngzàng gāoyuán, shílì dà zēng, duì tóngshí qí cúnzài de táng cháo dōu bù yǐwéi yì, yángyán yào gōngdǎ táng cháo, hái shuō yào qǔ wénchéng gōngzhǔ.

Dāngshí zài wèi de shì lǐshìmín, tīng shuō sōng zàn gàn bù bùjǐn yào gōngdǎ tāmen, hái yào qǔ tā de nǚ'ér, dùnshí qi bù dǎ yī chù lái, qǐbīng fǎnjí, bìngqiě dǎbàile sōng zàn gàn bù.

Sān nián guòhòu, lǐshìmín xuānbù wénchéng gōngzhǔ jìn cáng de shìqíng, guórén dàchīyījīng. Míngmíng táng cháo shì zhànshèng de guójiā, wèishéme hái yào xiàng zhànbài de guójiā sòng qù zūnguì de gōngzhǔ.

Qíshí zài zhè sān nián lǐ, lǐshìmín yě jiànshì dàole sōng zàn gàn bù de shílì, rúguǒ sōng zàn gàn bù néng wéi tāmen suǒyòng, nà biàn shì yīgè shuāngyíng de xuǎnzé.

Dànshì xiǎng yíngqǔ wénchéng gōngzhǔ, kě méiyǒu nàme jiǎndān. Dāngshí de wénchéng gōngzhǔ, kěshì nánrén zhēng pò tóu xiǎng qǔ de duìxiàng. Sōng zàn gàn bù xiǎng yào yíngqǔ wénchéng gōngzhǔ, hái dé kǎoyàn yī fān.

Táng tàizōng lǐshìmín gěi qián lái qiúqīn de duìxiàng chūle yīdào nántí, zài yībǎi zhǐ mǎpǐ dāngzhōng, quèrèn tāmen zhī jiān de mǔzǐ guānxì.

Miàn duì zhège dà nàn tí, hěnduō guójiā zhī nán ér tuì, dànshì sōng zàn gàn bù bìng méiyǒu fàngqì, méiguò duōjiǔ, tā biàn jiě chūláile.

Tā xiānshi bǎ mǔ mǎ hé mǎ jū fēnkāi, ránhòu zài bǎ xiǎo mǎ jū è gè yītiān yīyè, èle de xiǎo mǎ jū zìrán'érrán huì qù zhǎo tāmen de māmāle.

Jiē xiàlái hái yǒu dì èr dào nántí, nà jiùshì zài sānbǎi duō wèi měinǚ zhòng xuǎn chū wénchéng gōngzhǔ. Sōng zàn gàn bù yěshì shífēn yǒu xìnxīn de xuǎn chūláile, zhè ràng qítā rén dàchīyījīng. Yuánlái tā zǎo jiù mǎitōngle gōngzhǔ shēnbiān de shìnǚ, suǒyǐ rèn chū gōngzhǔ yě bùshì jiàn nánshìle.

Zuìhòu tóng tàizōng lǐshìmín dāyìng bǎ wénchéng gōngzhǔ jià gěi sōng zàn gàn bù, sōng zàn gàn bù gāoxìng jíle, hái wèi wénchéng gōngzhǔ tèyì xiūjiànle gōngdiàn, yě jiùshì xiànzài de bù dá lā gōng.

Wénchéng gōngzhǔ jìn cáng, hái dài qùle xǔduō de wénhuà diǎnjí, yàocái, shícái hé jìshù, shǐdé xīzàng qǔdéle hěn dà de jìnbù, shì liǎng zú yǒuhǎo wǎnglái de shūniǔ.

WU ZETIAN BECAME EMPEROR (武则天称帝)

1	当中	Dāngzhōng	In the middle; in the center
2	男尊女卑	Nánzūn nǚbēi	To think that women are inferior to men; a philosophy that men are superior to women
3	风气	Fēngqì	General mood; atmosphere; common practice; fashion
4	由来已久	Yóulái yǐ jiǔ	Long-standing; time-honored; be as old as the hills; It has been for a long time
5	皇帝	Huángdì	Emperor
6	基本上	Jīběn shàng	Mainly
7	男性	Nánxìng	The male sex; masculinity; man
8	历史上	Lìshǐ shàng	Historically; in history
9	例外	Lìwài	Exception
10	那就是	Nà jiùshì	That is; That is to say; Someone
11	在位	Zài wèi	Be on the throne; reign
12	时候	Shíhòu	Time
13	碌碌无为	Lùlù wúwéi	Unsuccessful; unaccomplished; putting efforts, but achieving no success
14	很多	Hěnduō	A lot of; a great many of; a good many of
15	事情	Shìqíng	Affair; matter; thing; business
16	自己	Zìjǐ	Oneself; of one's own side; closely related
17	主意	Zhǔyì	Idea; plan
18	他的	Tā de	His; him
19	舅舅	Jiùjiu	Uncle; mother's brother

20	辅佐	Fǔzuǒ	Assist a ruler in governing a country
21	原来	Yuánlái	Original; former; in the first place
22	但是	Dànshì	But; however; yet; still
23	由于	Yóuyú	Owing to; thanks to; as a result of; due to
24	去世	Qùshì	Die; pass away
25	按照	Ànzhào	According to; in accordance with; in the light of; on the basis of
26	制度	Zhìdù	System; institution
27	寺庙	Sìmiào	House of god; temple
28	尼姑	Nígū	Buddhist nun
29	其实	Qíshí	Actually; in fact; as a matter of fact; really
30	上位	Shàngwèi	Superior; epistasis
31	看上	Kàn shàng	Like; take a fancy to; settle on
32	继承	Jìchéng	Inherit; succeed; carry on; carry forward
33	皇位	Huángwèi	Throne
34	回来	Huílái	Return; come back; be back; go back; back
35	十分	Shífēn	Very; fully; utterly; extremely
36	宠爱	Chǒng'ài	Make a pet of somebody; favor; love ardently; dote on
37	皇后	Huánghòu	Empress
38	废除	Fèichú	Abolish; abrogate; annul; annihilate
39	聪明	Cōngmíng	Intelligent; bright; clever
40	看出	Kàn chū	Make out; perceive; find out; be aware of
41	她的	Tā de	Her; hers; her hers; herself; its

42	手段	Shǒuduàn	Means; medium; measure; method
43	高深	Gāoshēn	Advanced; profound; recondite
44	之后	Zhīhòu	Later; after; afterwards
45	多次	Duō cì	Many times; time and again; repeatedly; on many occasions
46	参与	Cānyù	Partake; participate in; have a hand in; participation
47	朝政	Cháozhèng	Affairs of state; the political situation and power of an imperial government
48	再加上	Zài jiā shàng	Plus; add; and; more
49	无能	Wúnéng	Incompetent; incapable
50	多病	Duō bìng	Susceptible to diseases; constantly ill
51	次数	Cìshù	Number of times; frequency
52	越来越多	Yuè lái yuè duō	More and more; increasingly; a growing number of
53	不可否认	Bùkě fǒurèn	Undeniable
54	确实	Quèshí	True; reliable; demonstration; really
55	展现	Zhǎnxiàn	Unfold before one's eyes; emerge
56	非凡	Fēifán	Outstanding; extraordinary; uncommon
57	减轻	Jiǎnqīng	Lighten; ease; alleviate; mitigate
58	赋税	Fùshuì	Taxes
59	提拔	Tíbá	Promote; preferment
60	低级	Dījí	Elementary; rudimentary; primary; lower
61	官员	Guānyuán	Official
62	整改	Zhěnggǎi	Rectify and reform

63	官僚作风	Guānliáo zuòfēng	Official red tape; bureaucratic style of work
64	等等	Děng děng	Wait a minute; and so on; and so on and so forth; etc.; and others
65	老百姓	Lǎobǎixìng	Folk; common people; ordinary people; civilians
66	欢迎	Huānyíng	Welcome; greet; favorably receive
67	这时候	Zhè shíhòu	This time; at this point; At that moment
68	已经	Yǐjīng	Already
69	一手遮天	Yīshǒu zhētiān	Shut out the heavens with one palm; cover the sky with one hand; hide the truth from the masses; hoodwink the public
70	不满意	Bù mǎnyì	Unsatisfactory; dissatisfaction; Dissatisfied
71	臣子	Chénzǐ	Official in feudal times
72	反叛	Fǎnpàn	Revolt; insurgence; uprising; insurrection
73	镇压	Zhènyā	Suppress; repress; put down; execute
74	没想到	Méi xiǎngdào	Have not expected or thought of
75	大臣	Dàchén	Minister; secretary
76	自然而然	Zì rán'ér rán	Come very naturally; as a matter of course; automatically; by the light of nature
77	平息	Píngxí	Calm down; quiet down; subside; come to an end
78	当机立断	Dāngjī lìduàn	Make a prompt decision; decide on the moment; decide promptly and opportunely; decide in the nick of

			time
79	出兵	Chūbīng	Dispatch troops; march army for battle; send an army into battle
80	相当于	Xiāngdāng yú	Be equal to, correspond to, be equivalent to
81	警戒	Jǐngjiè	Warn; warning admonish; be on the alert against; guard against
82	称帝	Chēng dì	Proclaim oneself emperor
83	国号	Guó hào	Title of a reigning dynasty
84	就这样	Jiù zhèyàng	That's it; That's all; in this way
85	女皇帝	Nǚ huángdì	Empress; queen

Chinese (中文)

在中国的社会当中，男尊女卑的风气由来已久。皇帝基本上都是男性，但在中国历史上有一个例外，那就是武则天。

唐高宗李治在位的时候，碌碌无为，很多事情自己都拿不定主意，都要靠他的舅舅来辅佐他。

武则天原来是唐太宗的妃嫔，但是由于唐太宗去世了，按照唐朝的制度她去了寺庙当了尼姑。

其实唐高宗在没有上位之前就看上了武则天，他继承皇位后，便把她重新召回来，而且对她十分宠爱，甚至把他之前的皇后废除了，立武则天为皇后。

武则天也是一个很聪明的人，她能一步一步当上皇后，便可以看出她的手段高深。武则天当了皇后之后，更是多次参与朝政。

再加上唐高宗无能又多病，武则天参与朝政的次数越来越多。而且不可否认的是，武则天在管理朝政方面，确实展现出来非凡的才能。

她提出的一些建议，例如减轻赋税，提拔低级官员，整改官僚作风等等都深受老百姓的欢迎，而且起到了很大的作用。

唐高宗死后，唐中宗上位，这时候的武则天已经是一手遮天了。她对唐中宗不满意，便又改立了唐睿宗。

这时候很多臣子对武则天已经很不满意了，还有起兵反叛的，武则天派人去镇压，没想到那个镇压的大臣说造成这个局面全是因为武则天，如果她把权力还给皇帝，自然而然就会平息了。

武则天当机立断出兵把这些臣子全都杀了，也相当于给其他臣子一个警戒的作用。后来武则天把唐睿宗也废了，自己称帝，改国号为周，称自己为圣武皇帝。就这样，武则天成了中国历史上第一任女皇帝。

Pinyin (拼音)

Zài zhōngguó de shèhuì dāngzhōng, nánzūnnǔbēi de fēngqì yóulái yǐ jiǔ. Huángdì jīběn shàng dū shì nánxìng, dàn zài zhōngguó lìshǐ shàng yǒu yīgè lìwài, nà jiùshì wǔzétiān.

Tánggāozōng lǐ zhì zài wèi de shíhòu, lùlù wúwéi, hěnduō shìqíng zìjǐ dōu ná bùdìng zhǔyì, dōu yào kào tā de jiùjiu lái fǔzuǒ tā.

Wǔzétiān yuánlái shì táng tàizōng de fēipín, dànshì yóuyú táng tàizōng qùshìle, ànzhào táng cháo de zhìdù tā qùle sìmiào dāngle nígū.

Qíshí tánggāozōng zài méiyǒu shàngwèi zhīqián jiù kàn shàngle wǔzétiān, tā jìchéng huángwèi hòu, biàn bǎ tā chóngxīn zhàohuí lái, érqiě duì tā shífēn chǒng'ài, shènzhì bǎ tā zhīqián de huánghòu fèichúle, lì wǔzétiān wèi huánghòu.

Wǔzétiān yěshì yīgè hěn cōngmíng de rén, tā néng yībù yībù dàng shàng huánghòu, biàn kěyǐ kàn chū tā de shǒuduàn gāoshēn. Wǔzétiān dāngle huánghòu zhīhòu, gèng shì duō cì cānyù cháozhèng.

Zài jiā shàng tánggāozōng wúnéng yòu duō bìng, wǔzétiān cānyù cháozhèng de cìshù yuè lái yuè duō. Érqiě bùkě fǒurèn de shì, wǔzétiān zài guǎnlǐ cháozhèng fāngmiàn, quèshí zhǎnxiàn chūlái fēifán de cáinéng.

Tā tíchū de yīxiē jiànyì, lìrú jiǎnqīng fùshuì, tíbá dījí guānyuán, zhěnggǎi guānliáo zuòfēng děng děng dōu shēn shòu lǎobǎixìng de huānyíng, érqiě qǐ dàole hěn dà de zuòyòng.

Tánggāozōng sǐ hòu, tángzhōngzōng shàngwèi, zhè shíhòu de wǔzétiān yǐjīng shì yīshǒuzhētiānle. Tā duì tángzhōngzōng bù mǎnyì, biàn yòu gǎi lìle táng ruìzōng.

Zhè shíhòu hěnduō chénzǐ duì wǔzétiān yǐjīng hěn bù mǎnyìle, hái yǒu qǐbīng fǎnpàn de, wǔzétiān pài rén qù zhènyā, méi xiǎngdào nàgè zhènyā de dàchén shuō zàochéng zhège júmiàn quán shì yīnwèi wǔzétiān, rúguǒ tā bǎ quánlì hái gěi huángdì, zìrán'érrán jiù huì píngxíle.

Wǔzétiān dāngjīlìduàn chūbīng bǎ zhèxiē chénzǐ quándōu shāle, yě xiāngdāng yú gěi qítā chénzǐ yīgè jǐngjiè de zuòyòng. Hòulái wǔzétiān bǎ táng ruìzōng yě fèile, zìjǐ chēng dì, gǎi guó hào wèi zhōu, chēng zìjǐ wèi shèng wǔ huángdì. Jiù zhèyàng, wǔzétiān chéngle zhōngguó lìshǐ shàng dì yī rèn nǚ huángdì.

THE FLOURISHING KAIYUAN REIGN PERIOD (开元盛世)

1	盛世	Shèngshì	Flourishing age; heyday
2	被称为	Bèi chēng wèi	Known as; be known as; be called
3	在位	Zài wèi	Be on the throne; reign
4	开创	Kāichuàng	Start; initiate; found; set up
5	前期	Qiánqí	Earlier stage; early days
6	将近	Jiāngjìn	Be close to; almost; nearby
7	清明	Qīngmíng	Qingming Festival; clear and bright; sober and calm; Clear and Bright
8	全盛时期	Quánshèng shíqí	Heyday; be at somebody's best; palmy days
9	推崇	Tuīchóng	Hold in esteem; praise highly
10	道家	Dàojiā	Taoist school; Taoists
11	也就是	Yě jiùshì	Namely; i.e.; that is
12	充分发挥	Chōngfèn fāhuī	Bring ... into full play; bring into full play; give full play to; put into great play
13	老百姓	Lǎobǎixìng	Folk; common people; ordinary people; civilians
14	而不是	Ér bùshì	But not; instead of; rather than; other than
15	独断	Dúduàn	Arbitrary; dictatorial
16	参与感	Cānyù gǎn	A sense of participation
17	当家	Dāngjiā	Manage affairs; have a decisive say in business management
18	做主	Zuòzhǔ	Decide; take the responsibility for a decision
19	当然	Dāngrán	As it should be; only natural;

			without doubt; certainly
20	贤明	Xiánmíng	Wise and able; sagacious
21	廉洁	Liánjié	Honest; with clean hands
22	曾经	Céngjīng	Once
23	一大批	Yī dàpī	Host; rush
24	奢侈	Shēchǐ	Luxurious; extravagant; wasteful
25	物品	Wùpǐn	Article; goods
26	烧毁	Shāohuǐ	Burn down; burn up; consumption; burnout
27	承诺	Chéngnuò	Promise to do something; promise to undertake; undertake to do something; acceptance of the offer
28	以身作则	Yǐshēn zuòzé	Make oneself an example; give a lead
29	眼光	Yǎnguāng	Eye; sight; foresight; insight
30	千里马	Qiānlǐmǎ	A very good quality horse that can sustain long-distance rides
31	得出	Dé chū	Reach; obtain
32	贤人	Xiánrén	A person of virtue; worthy
33	小人	Xiǎo rén	A base person; villain; vile character
34	有名	Yǒumíng	Well-known; famous; celebrated
35	提拔	Tíbá	Promote; preferment
36	上来	Shànglái	Come up; begin; start
37	贡献	Gòngxiàn	Contribute; dedicate; devote; contribution
38	政事	Zhèngshì	Government affairs
39	沉迷于	Chénmí yú	Indulge; be addicted to
40	花天酒地	Huātiān jiǔdì	Lead a gay life; attend a dinner with singsong girls; be in the

			world of wine and women; be on the loose
41	玩乐	Wánlè	Have fun; entertain (or amuse) oneself; make fun
42	自己的	Zìjǐ de	Self
43	面前	Miànqián	In face of; in front of; before
44	私情	Sī qíng	Personal relationship
45	抛掷	Pāozhì	Throw; cast; loft; flip
46	一边	Yībiān	One side
47	有所	Yǒu suǒ	To some extent; somewhat
48	举措	Jǔcuò	Measures; behave; move; act
49	当时	Dāngshí	Then; at that time; just at that moment; right away; at once; immediately
50	强国	Qiángguó	Powerful nation; power
51	离不开	Lì bù kāi	Can't do without
52	前人	Qián rén	Predecessors; forefathers
53	积累	Jīlěi	Accumulation; accumulate; build-up
54	成就	Chéngjiù	Achievement; accomplishment; attainment; success

Chinese (中文)

开元盛世也被称为开元之治，是唐玄宗在位时所开创的盛世，唐玄宗在位 44 年，在前期将近 30 年的时间里，政治清明，唐朝进入全盛时期。

唐玄宗推崇的是道家的思想主张，也就是清静无为。充分发挥老百姓的作用，而不是皇帝一人独断专制。这样的思想主张使得百姓能够有参与感，有人人当家做主的意识，这样的国家有什么理由不强大。

当然唐玄宗自身也是一个非常贤明廉洁的人，他曾经命人把宫里一大批奢侈物品烧毁，并承诺自己会以身作则。

唐玄宗也是一个眼光特别好的人，能识千里马，能够识别得出是贤人还是小人，选贤与能，像比较有名的贤臣的张九龄，宋璟都是唐玄宗提拔上来的，这些人也为唐朝做出了很大的贡献。

唐玄宗勤于政事，不沉迷于花天酒地和美女玩乐，十分清楚自己的定位。在国家面前，将私情抛掷一边，在管理国家方面也有所建设。

唐玄宗的这些举措，使得唐朝的经济有了巨大的进步和发展，也使得唐朝一跃成为当时的强国。当然这也离不开前人的积累，但是唐玄宗所起到的作用也非常之大，所以成就了"开元盛世"。

Pinyin (拼音)

Kāiyuán shèngshì yě bèi chēng wéi kāiyuán zhī zhì, shì táng xuánzōng zài wèi shí suǒ kāichuàng de shèngshì, táng xuánzōng zài wèi 44 nián, zài qiánqí jiāngjìn 30 nián de shíjiān lǐ, zhèngzhì qīngmíng, táng cháo jìnrù quánshèng shíqí.

Táng xuánzōng tuīchóng de shì dàojiā de sīxiǎng zhǔzhāng, yě jiùshì qīngjìng wúwéi. Chōngfèn fāhuī lǎobǎixìng de zuòyòng, ér bùshì huángdì yīrén dúduàn zhuānzhì. Zhèyàng de sīxiǎng zhǔzhāng shǐdé bǎixìng nénggòu yǒu cānyù gǎn, yǒurén rén dāngjiā zuòzhǔ de yìshí, zhèyàng de guójiā yǒu shé me lǐyóu bu qiángdà.

Dāngrán táng xuánzōng zìshēn yěshì yīgè fēicháng xiánmíng liánjié de rén, tā céngjīng mìng rén bǎ gōng lǐ yī dàpī shēchǐ wùpǐn shāohuǐ, bìng chéngnuò zìjǐ huì yǐshēnzuòzé.

Táng xuánzōng yěshì yīgè yǎnguāng tèbié hǎo de rén, néng shí qiānlǐmǎ, nénggòu shìbié dé chū shì xiánrén háishì xiǎo rén, xuǎn xián yǔ néng, xiàng bǐjiào yǒumíng de xián chén de zhāngjiǔlíng, sòng jǐng dōu shì táng xuánzōng tíbá shànglái de, zhèxiē rén yě wèi táng cháo zuò chūle hěn dà de gòngxiàn.

Táng xuánzōng qín yú zhèngshì, bù chénmí yú huātiānjiǔdì hé měinǚ wánlè, shífēn qīngchǔ zìjǐ de dìngwèi. Zài guójiā miànqián, jiāng sī qíng pāozhì yībiān, zài guǎnlǐ guójiā fāngmiàn yěyǒu suǒ jiànshè.

Táng xuánzōng de zhèxiē jǔcuò, shǐdé táng cháo de jīngjì yǒule jùdà de jìnbù hé fāzhǎn, yě shǐdé táng zhāo yī yuè chéngwéi dāngshí de qiángguó. Dāngrán zhè yě lì bù kāi qián rén de jīlěi, dànshì táng xuánzōng suǒ qǐ dào de zuòyòng yě fēicháng zhī dà, suǒyǐ chéngjiùle "kāiyuán shèngshì".

AN SHI REBELLION (安史之乱)

1	安史之乱	Ānshǐ zhīluàn	The An Shi Rebellion (December 16, 755 - February 17, 763); battle between An Lushan and Shi Siming in 755; the An Lushan-Shi Siming rebel
2	历史上	Lìshǐ shàng	Historically; in history
3	十分	Shífēn	Very; fully; utterly; extremely
4	重要	Zhòngyào	Important; significant; major
5	事件	Shìjiàn	Event; incident
6	谈起	Tán qǐ	Mention; speak of
7	因为	Yīnwèi	Because; for; on account of
8	标志	Biāozhì	Sign; mark; symbol; hallmark
9	欣欣向荣	Xīnxīn xiàngróng	Thriving; flourishing; prosperous
10	自己的	Zìjǐ de	Self
11	斗志	Dòuzhì	Will to fight; fighting will
12	美色	Měi sè	Attractive woman; woman's beauty
13	朝政	Cháozhèng	Affairs of state; the political situation and power of an imperial government
14	只顾自己	Zhǐgù zìjǐ	Care only for oneself; care for nobody; egoistic
15	玩乐	Wánlè	Have fun; entertain (or amuse) oneself; make fun
16	老百姓	Lǎobǎixìng	Folk; common people; ordinary people; civilians
17	水深火热	Shuǐshēn huǒrè	The water is deep and the fire is hot; be in deep distress; be plunged into dire suffering

18	过度	Guòdù	Excessive; over; undue;
19	宠爱	Chǒng'ài	Make a pet of somebody; favor; love ardently; dote on
20	滔天	Tāotiān	Dash to the skies; billowy
21	哥哥	Gēgē	Brother
22	持续不断	Chíxù bùduàn	Continuous; continual
23	争斗	Zhēngdòu	Fight; struggle; strife
24	导火线	Dǎohuǒxiàn	Blasting fuse; powder train; train; common fuse
25	边境	Biānjìng	Border; frontier
26	聚集	Jùjí	Gather; assemble; collect; accumulation
27	越来越多	Yuè lái yuè duō	More and more; increasingly; a growing number of
28	军事力量	Jūnshì lìliàng	Military force; military strength
29	统治	Tǒngzhì	Rule; dominate; control; govern
30	越来越	Yuè lái yuè	More and more
31	尽如人意	Jìn rú rényì	Just as one wishes; entirely satisfactory; one's heart's content; up to expectations
32	最后决定	Zuìhòu juédìng	Final decision
33	攻打	Gōngdǎ	Attack; assault; assail
34	朝廷	Cháotíng	Royal or imperial court
35	听说	Tīng shuō	Be told; hear of
36	慌乱	Huāngluàn	Hurry and confusion; flurried
37	连忙	Liánmáng	Promptly; immediately; instantly; in a hurry
38	逃跑	Táopǎo	Run away; flee; escape; take flight

39	臣子	Chénzǐ	Official in feudal times
40	发动	Fādòng	Start; launch; engine on; get started
41	叛乱	Pànluàn	Rebel; rise in rebellion; armed rebellion; insurrection
42	如果不	Rúguǒ bù	Unless; if not; without; not…unless
43	攻势	Gōngshì	Offensive
44	迫于	Pò yú	Constrain
45	杀死	Shā sǐ	Be killed
46	心爱	Xīn'ài	Love; treasure
47	妃子	Fēizi	Imperial concubine
48	多远	Duō yuǎn	How far; how long
49	刺杀	Cìshā	Assassinate; bayonet charge
50	就这样	Jiù zhèyàng	That's it; That's all; in this way
51	高潮	Gāocháo	High tide; high water; spring tide; flood
52	战乱	Zhànluàn	The chaos caused by war
53	持续	Chíxù	Last; continue; sustain; continued
54	带来	Dài lái	Bring about; produce
55	毁灭性	Huǐmiè xìng	Devastating
56	打击	Dǎjí	Strike; attack; crack down; hit
57	从此	Cóngcǐ	From this time on; from now on; from then on; henceforth
58	衰败	Shuāibài	Decline; wane; be on the wane; fall into decay
59	下去	Xiàqù	Go down; descend; down

Chinese (中文)

安史之乱是唐朝历史上十分重要的一个事件，谈起唐朝，就绕不开这个事件，因为安史之乱是唐朝由盛转衰的标志。

在唐玄宗的统治后期，由于一直处于和平稳定，欣欣向荣的环境里，唐玄宗逐渐失去了自己的初心，也失去了最初的斗志，变得沉迷美色，十分宠爱杨贵妃，还重用小人，把朝政丢在一边，交给他人处理，整日只顾自己玩乐，让老百姓生活中水深火热之中，这与最初的唐玄宗相去甚远。

由于唐玄宗过度宠爱杨贵妃，导致杨氏一族权力滔天。而杨贵妃的哥哥杨国忠与安禄山有着持续不断的争斗，这也成了安史之乱的导火线。

安禄山在边境聚集了越来越多的军队，军事力量不断扩大。由于唐玄宗的统治越来越不尽如人意，安禄山最后决定攻打朝廷。

唐玄宗听说之后非常慌乱，连忙逃跑。他身边的臣子都说是杨贵妃和杨国忠才使得安禄山发动叛乱，如果不杀了他们，安禄山的攻势只会越来越猛。

唐玄宗迫于大家的压力，不得不杀死了自己心爱的的妃子，杨国忠虽然逃跑了，但是没跑多远也被刺杀了。就这样，安史之乱达到了高潮。

这场战乱持续了八年，给唐朝带来了毁灭性的打击，从此衰败下去。

Pinyin (拼音)

Ānshǐzhīluàn shì táng cháo lìshǐ shàng shí fèn zhòngyào de yīgè shìjiàn, tán qǐ táng cháo, jiù rào bù kāi zhège shìjiàn, yīn wéi ānshǐzhīluàn shì táng cháo yóu shèng zhuǎn shuāi de biāozhì.

Zài táng xuánzōng de tǒngzhì hòuqí, yóuyú yīzhí chǔyú hépíng wěndìng, xīnxīnxiàngróng de huánjìng lǐ, táng xuánzōng zhújiàn shīqùle zìjǐ de chūxīn, yě shīqùle zuìchū de dòuzhì, biàn dé chénmí měi sè, shífēn chǒng'ài yáng guìfēi, hái zhòngyòng xiǎo rén, bǎ cháozhèng diū zài yībiān, jiāo gěi tārén chǔlǐ, zhěng rì zhǐgù zìjǐ wánlè, ràng lǎobǎixìng shēnghuó zhōng shuǐshēnhuǒrè zhī zhōng, zhè yǔ zuìchū de táng xuánzōng xiāngqù shén yuǎn.

Yóuyú táng xuánzōng guòdù chǒng'ài yáng guìfēi, dǎozhì yáng shì yīzú quánlì tāotiān. Ér yáng guìfēi dí gēgē yángguózhōng yǔ ān lù shān yǒuzhe chíxù bùduàn de zhēngdòu, zhè yě chéngle ānshǐzhīluàn de dǎohuǒxiàn.

Ān lù shān zài biānjìng jùjíle yuè lái yuè duō de jūnduì, jūnshì lìliàng bùduàn kuòdà. Yóuyú táng xuánzōng de tǒngzhì yuè lái yuè bù jìn rú rényì, ān lù shān zuìhòu juédìng gōngdǎ cháotíng.

Táng xuánzōng tīng shuō zhīhòu fēicháng huāngluàn, liánmáng táopǎo. Tā shēnbiān de chénzǐ dōu shuō shì yáng guìfēi hé yángguózhōng cái shǐdé ān lù shān fādòng pànluàn, rúguǒ bù shāle tāmen, ān lù shān de gōngshì zhǐ huì yuè lái yuè měng.

Táng xuánzōng pò yú dàjiā de yālì, bùdé bù shā sǐle zìjǐ xīn'ài de de fēizi, yángguózhōng suīrán táopǎole, dànshì méipǎo duō yuǎn yě bèi cìshāle. Jiù zhèyàng, ānshǐzhīluàn dádàole gāocháo.

Zhè chǎng zhànluàn chíxùle bā nián, gěi táng cháo dài láile huǐmiè xìng de dǎjí, cóngcǐ shuāibài xiàqù.

www.QuoraChinese.com

www.ingramcontent.com/pod-product-compliance
Lightning Source LLC
LaVergne TN
LVHW081509060526
838201LV00056BA/3025

9798887342061